Die 444 besten East

Lustigste und tiefsinnige Antworten des
Sprachassistenten – Humor aus der Cloud

1.27 erweiterte Ausgabe

Von Wilfred Lindo

Impressum

Die 444 besten Easter Eggs von Alexa

Lustigste und tiefsinnige Antworten des Sprachassistenten – Humor aus der Cloud

von Wilfred Lindo

Der vorliegende Titel wurde mit großer Sorgfalt erstellt. Dennoch können Fehler nicht vollkommen ausgeschlossen werden. Der Autor und das Team von **Streamingz.de** übernehmen daher keine juristische Verantwortung und keinerlei Haftung für Schäden, die aus der Benutzung dieses Buches oder Teilen davon entstehen. Insbesondere sind der Autor und das Team von **Streamingz.de** nicht verpflichtet, Folge- oder mittelbare Schäden zu ersetzen.

Alle Warennamen werden ohne Gewährleistung der freien Verwendbarkeit benutzt und sind möglicherweise eingetragene Warenzeichen. Der Verlag richtet sich im Wesentlichen nach den Schreibweisen der Hersteller.

Cover-Foto: © folienfeuer- Fotolia.com / Amazon

Produktion und -Distribution

Redaktionsbüro Lindo

NEU: Die Seite zur Technik: www.streamingz.de

Scan mich! Weitere Ratgeber, die ebenfalls für Sie interessant sind!

ISBN: **9781973478485**

Imprint: Independently published

Updates für dieses Buch

Sicherlich werden in den nächsten Tagen und Wochen noch weitere **Easter Eggs** unter Alexa erscheinen. Wir halten Sie natürlich auf dem Laufenden, so dass wir die Inhalte in regelmäßigen Abständen aktualisieren.

Auch wenn Amazon für diese Fälle eine spezielle automatische Aktualisierung bietet, kann es teilweise bis zu sechs Wochen dauern, bis ein einzelner Titel automatisch aktualisiert wird und somit die Leser die neuen Inhalte auch erhalten.

Dies beansprucht immer viel Zeit. Alternativ können Sie, sofern Ihnen bekannt ist, dass es ein Update zu diesem eBook gibt, den Support von Amazon per Mail anschreiben. Ihnen wird dann das Update dieses Buches manuell eingespielt. Dies geschieht meist innerhalb von24 Stunden.

eBook Update: Die 444 besten Easter Eggs von Alexa

Daher tragen Sie sich einfach auf folgender Webseite (**ebookstars.de/ebook-update-amazon-echo-ratgeber**) ein, die wir für unsere Kunden und Leser eingerichtet haben.

Wir verständigen Sie per E-Mail zeitnah, wenn eine aktuelle Überarbeitung der Inhalte vorliegt. So müssen Sie nicht wochenlang auf ein automatisches Update seitens Amazon warten. Oder scannen Sie den notwendigen Link per QR-Code direkt ein.

Inhaltsverzeichnis

Idee dieses Buches

Was haben eigentlich *Easter Eggs* (Ostereier) mit Alexa zu tun? Ähnlich wie bei Ostereiern, sind auch digitale *Easter Eggs* (lustige Gags, lustige Bemerkungen, witzige Zitate) im Inneren eines Systems versteckt. Man muss Sie suchen und entdecken. Jeder Anwender kennt sie von Google oder aus den unterschiedlichsten Computerprogrammen. Bei Software lässt sich über sie meist ein Bonus oder ein geheimes Spiellevel freischalten. Bei Alexa gibt es nur eine witzige Antwort zu entdecken.

Meist stecken hinter den versteckten Gimmicks die Entwickler der jeweiligen Software, die sich so ein ewiges Denkmal in der digitalen Welt setzen. Bei Alexa scheint es jedoch eher Absicht der Entwickler zu sein, da humorvolle Antworten dem System etwas Menschliches entlocken.

Dabei ist es äußerst erstaunlich, mit wieviel Humor und Tiefgründigkeit der intelligente Sprachassistent daherkommt. Immer wieder stolpert der Anwender über durchaus witzige Antworten. Es ist es wirklich bemerkenswert, wie die Macher dem virtuellen Sprachassistenten so viel Menschliches einhauchen konnten. Oft sind die Antworten und die Qualität des Gesprochenen wirklich erstaunlich.

Was zunächst nur mit einem kurzzeitigen Spaß begann, endete nun in dieser umfangreichen Auflistung der besten *Easter Eggs*. Auch wenn der Titel keinen tieferen Sinn verspürt, so macht es doch sehr viel Spaß, die Fähigkeiten und die damit verbundene Schlagfähigkeit des Sprachsystems zu ergründen. Sehen Sie somit keinen tiefgründigen Sinn in den folgenden Zeilen, vielmehr geht es um Spaß und Vergnügen. Zudem müssen Sie als Nutzer von Alexa nicht ewig im Netz surfen, um die wirklich besten *Easter Eggs* zu finden.

Natürlich sind wie weiterhin auf der Suche nach lustigen und außergewöhnliche Easter Eggs. Sofern Sie weitere Easter Eggs entdecken, freuen wir uns über eine kurze Nachricht per Mail. Entsprechend wird dieses Buch in regelmäßigen Abständen aktualisiert, um immer auf dem neuesten Stand zu sein. Nutzen Sie dazu auch unseren **Update-Service**.

Viel Erfolg und Spaß wünscht Ihnen

Wilfred Lindo

Auf welchen Geräten ist Alexa verfügbar?

Amazon baut die Fähigkeiten seines Sprachassistenten Alexa weiter aus. Zudem wird auch die Echo-Hardware zunehmend verbessert. Auf dem deutschen Markt startete das Unternehmen zunächst mit den beiden Lautsprechern *Amazon Echo* und *Echo Dot*. Die Markteinführung fand bereits Anfang 2017 statt. Dabei werden die neuen Geräte zunächst auf dem amerikanischen Markt eingeführt, einige Monate später gelangen die Neuheiten auch auf weitere Märkte. So sind in der Zwischenzeit weltweit weitere Echo-Geräte verfügbar.

Abb.: Amazons Alexa-Familie – die Echo-Geräte (Quelle: Amazon)

Die nächste Generation: Amazon Echo und Echo Plus

Anfang 2017 ging Amazon mit **Amazon Echo und Alexa** in Deutschland an den Start. Nun folgt die zweite Generation der sprachgesteuerten Geräte. Amazon brachte zunächst den smarten Lautsprecher (**Amazon Echo**) mit einem neuen Design, einem verbesserten Sound und zu einem deutlich günstigeren Preis auf den Markt (2. Generation). Gleichzeitig erhält die verbesserte Echo-Familie auch eine Reihe von neuen Funktionen. Nun folgen auch verbesserte Versionen von **Echo Dot** und **Echo Plus** mit einem integrierten Smart Home Hub.

Oder Sie fragen Alexa selbst: „Alexa, *erzähl mir etwas über das neue Amazon Echo!*"

Zudem bringt Amazon Ende 2018 mehrere Ergänzungen zur Echo-Familie auf den Markt. Für Musikfans präsentiert das Unternehmen den neuen **Echo Sub**. Ein Subwoofer, der für Bass bei der Wiedergabe von Musik, Sprache und Geräuschen sorgt. Mit **Echo Connect** kommt eine Hardware auf den Markt, die ein Echo-Gerät in ein sprachgesteuertes Telefon verwandelt. Weitere Ergänzungen sind bereits angekündigt.

Amazon Echo Show – die verbesserte smarte Bildbox kommt

Auch **Echo Show der 2. Generation** geht an den Start. Eine Kombination aus dem smarten Lautsprecher Amazon Echo und einem Bildschirm. Die bisherigen Alexa-

Funktionen bleiben weiterhin bestehen, es kommt nun noch das Anzeigen von Bildinhalten hinzu. So können Anwender nun auch Video Flash Briefings, Musiktexte, Bildübertragungen von Smart Home-Kameras, Fotos, Wettervorhersagen, To-do- sowie Einkaufslisten und vieles mehr am Bildschirm verfolgen. Freunde und Familienmitglieder, die ebenfalls **über ein Echo Show oder die Alexa App verfügen**, können über die Freisprecheinrichtung per Videotelefonat angerufen werden. Besitzer eines Amazon Echo, Echo Dot oder Echo Plus können Sprachanrufe tätigen oder Textnachrichten versenden. Deutlich verbesserte Lautsprecher sorgen für einen sehr guten Klang, gepaart mit ordentlichen Bässen.

Auch hier hat Alexa einige Infos:

- „Alexa, *was ist das Echo Show?*"
- „Alexa, *was ist das Echo Show 8?*"
- „Alexa, *was ist das Echo Show 5?*"

Alexa auf Fire TV und Fire TV Stick

Lange beschränkte sich die Nutzung von Alexa nur auf die Lautsprecher **Echo** und **Echo Dot**. Seit einiger Zeit können Anwender auch die **Streamingbox Fire TV** mit einer Sprachfernbedienung nutzen, um auf den Sprach- assistenten von Amazon zuzugreifen. Dies gilt natürlich auch für den **Fire TV Stick** und den neuen **Fire TV Stick 4K** von Amazon. Hierzu kommt auch gleichzeitig eine deutlich verbesserte Sprachfernbedienung auf den Markt, die die Nutzung von Alexa deutlich erleichtert.

Auch hier hat Alexa einige Infos:

- *„Alexa, was ist das Fire TV Cube?"*
- „Alexa, was ist der Fire TV Stick?"

Alexa auf Fire Tablets

Neu ist auch die Nutzung von Alexa auf allen Fire Tablets. Dabei wird Alexa sowohl auf den neuen Tablets (z.B. das neue Flaggschiff der Fire Tablets, dem **Fire HD 10**) als auch auf den älteren Geräten verfügbar sein. Auch das **Fire HD 8** ist nun in einer verbesserten Version verfügbar. Gleichzeitig stellt Amazon das neue **Show-Modus-Ladedock** vor. Damit kann das Tablet aufgestellt und geladen werden. Zudem wird das Tablet so in ein mobiles Echo Show verwandelt.

Über ein kostenloses Update des Betriebssystems FireOS hält der Sprachassistent Alexa auch Einzug auf allen anderen Fire Tablets ab der 4. Generation von Amazon. Hält der Anwender zukünftig die digitale Startseite-Taste gedrückt, erscheint am unteren Display-Rand eine blaue Linie. Dann ist Alexa auf dem Fire Tablet aktiv und der Nutzer kann die gängigen Kommandos nutzen. Zusätzlich lassen sich auch einzelne Apps auf dem Tablet starten.

Bei dem neuen **Fire HD 10** führt Amazon erstmals unter dem Begriff *Alexa Hands-free* die Möglichkeit ein, ohne ein Tastendruck den Sprachassistenten zu aktivieren.

Ähnlich wie bei Amazon Echo oder Echo Dot kann Alexa einfach mit einem Aktivierungsbefehl (z.B. mit *Alexa*) aktiviert werden. Auf Wunsch kann die dauernde Bereitschaft auch in den Einstellungen des Gerätes ausgeschaltet werden.

Auch hier hat Alexa einige Infos:

- „Alexa, *was ist das Fire HD 10?*"

Alexa via Amazon Music App auf Smartphones und Tablets

Natürlich ist Alexa auch in der **Amazon Music App** unter iOS und Android und auf der **Alexa-App** verfügbar. Somit ist Alexa auch Hardware-übergreifend auch auf Geräten von anderen Herstellern verfügbar. Somit erweitert Amazon die technische Basis für den Sprachassistenten um ein Vielfaches. Interessant bei der schrittweisen Erweiterung von Alexa ist die Tatsache, dass auf allen Geräten fast der vollständige Funktionsumfang des Sprachassistenten verfügbar ist.

So können über diesen Weg auch Apps gestartet, gewünschte Songs abgespielt oder ein Hörbuch vorgelesen werden. Somit steht der gesamte Funktionsumfang von Alexa nun auch auf mobilen Geräten zur Verfügung. Bei Smart Home Anwendungen beschränkt sich dies noch auf die Reichweite des eigenen Heimnetzwerkes. Hier sind ebenfalls interessante Erweiterungen angekündigt.

Amazon Alexa jetzt auch unter Windows 10 verfügbar

Ab sofort ist der Sprachassistent Alexa aus dem Hause Amazon auch unter **Windows 10** verfügbar. Dazu steht die Alexa for PC-App im Windows-Store kostenlos zum Downloaden bereit. Damit erhält der Nutzer Zugriff auf die vielen Funktionen und Fähigkeiten von Alexa, ohne dabei eine zusätzliche Hardware (z.B. Echo Lautsprecher) einzusetzen.

Die 10 besten Tipps: so funktioniert Alexa fehlerfrei

Alexa ist ein Sprachsystem, unabhängig ob Sie den Sprachassistenten via Amazon Echo, **Echo Dot**, Echo Show oder **Fire TV** nutzen. Hier kommt es darauf an, dass der virtuelle Assistent mit der sympathischen Stimme Sie auch versteht. Wie bei der Kommunikation zwischen zwei Menschen muss auch Alexa ihre Kommandos gut verstehen. Nur dann erhalten Sie die passende Antwort. Mit Hilfe der folgenden Tipps lassen sich die Ergebnisse per Sprachbefehl deutlich verbessern.

Sprechen Sie laut und deutlich

Auch wenn **Amazon Echo, Echo Dot** und **Echo Show** mit leistungsstarken Mikrofonen ausgestattet sind, kommt in manchen Fällen das Gesagte nicht korrekt an und Alexa quittiert ihr Sprachkommando mit einer Fehlermeldung oder mit einer unsinnigen Antwort. Dabei ist nicht immer Alexa das Problem. Daher ist das oberste Gebot in der Zusammenarbeit mit einem Sprachassistenten: Sprechen Sie laut und deutlich.

Hinweis: Sofern Sie leicht erkältet sind, können möglicherweise die Sprachbefehle nicht mit der gewünschten Qualität ankommen. Daher verlieren Sie nicht die Geduld. Werden Sie einfach wieder gesund.

Auch ein starker Dialekt kann übrigens für Verständnisprobleme sorgen.

Vermeiden Sie Hintergrundgeräusche

Natürlich verschlechtert sich die Kommunikation, wenn diese durch Nebengeräusche gestört wird. Sprechen beispielsweise mehrere Personen in einem Raum oder dringt aus dem geöffneten Fenster störender Straßenlärm an die Mikrofone, dann kann Alexa möglicherweise ihren Befehl nicht verstehen. Daher sollten Sie für Ruhe sorgen, dann funktioniert es auch mit Alexa.

Zu laute Musik stört die Kommunikation

Viele Nutzer benutzen besonders Amazon Echo gerne zum Hören der eigenen Lieblingssongs. Läuft gerade ein Song in entsprechender Lautstärke, dann wird es vielfach schwierig, sich Gehör bei Alexa zu verschaffen. Hier hilft nur schreien oder sie betätigen den Knopf am Gerät, damit Alexa in Bereitschaft geht. Alternativ können Sie natürlich auch die Lautstärke herunterregeln. Dafür müssen Sie allerdings auch einen Sprachbefehl bei Alexa absetzen.

Wiederholen Sie einfach die Frage

Sollte Alexa einen Befehl einmal nicht korrekt verstehen, so wiederholen Sie Ihre Frage erneut. Schon eine kleine Änderung in der Aussprache kann zu einem Missverständnis führen. Möglicherweise ist auch ihre Frage einfach zu kompliziert, damit Alexa diese verstehen kann. Formulieren Sie ihre Frage um oder vereinfachen Sie den Aufbau der Frage. Auch bei Alexa gilt: Weniger ist mehr.

Überprüfen Sie die Eingabe

Es gibt einen einfachen Weg festzustellen, was Alexa bei ihrer letzten Frage überhaupt verstanden hat. Sie können jeden Sprachbefehl und die daraus resultierende Alexa-Antwort über die Alexa-App überprüfen. Unter *Einstellungen / Verlauf* finden Sie alle getätigten Sprachbefehle und deren Umsetzung seitens Alexa. Zudem können Sie auf jede einzelne Eingabe klicken, um diese zu bewerten oder sogar zu löschen. Anhand des Feedbacks kann der Anwender die Sprachqualität weiter steigern. Umgekehrt verhindern Sie durch das Löschen von fehlerhaften Kommandos, dass diese weiterhin in der Cloud von Amazon vorgehalten werden.

Die Platzierung des Echo-Gerätes

Natürlich hat auch die Platzierung des Echo-Gerätes einen maßgeblichen Einfluss auf die Qualität, die Alexa abliefert. Versuchen Sie das Gerät zentral in einem Raum aufzustellen, idealerweise bietet sich ein Tisch oder eine Kommode an. So kann das Gerät mühelos alle Sprachkommandos im Raum erfassen. Zudem sollte Echo nicht von einem Gegenstand verdeckt werden. Auch sollte sich kein größerer Gegenstand unmittelbar in der Nähe des Lautsprechers befinden. Dies kann ebenfalls zu einem fehlerhaften Erkennen von Kommandos führen. Auch auf dem Boden hat das Echo-Gerät nichts zu suchen. Platzieren Sie das Alexa-Gerät möglichst in der Höhe von 90 bis 100 Zentimeter im Raum.

Die passende Halterung für das Echo-Gerät

Wer absolut keinen geeigneten Ort zur optimalen Aufstellung von einem Echo-Gerät findet, sollte sich im Handel umschauen. Hier wird mittlerweile eine Fülle an Zubehör für die Echo-Familie angeboten. So gibt es spezielle Halterungen, damit besonders das große Amazon Echo-Gerät einen guten Stand bekommt. Für Echo Dot gibt es unterschiedliche Wandhalterungen. So kann das Gerät einfach an der Wand oder an einem anderen geeigneten Ort befestigt werden. Dadurch stört Echo Dot nicht auf einem Tisch oder an einer anderen

Stelle. Zudem erhält das runde Gerät einen optimalen Platz, um alle Sprachbefehle korrekt zu empfangen.

Sprachfernbedienung bei einer größeren Entfernung

Befinden Sie sich sehr weit von dem Echo-Gerät entfernt und das Aktivieren per Sprachbefehl ist fast unmöglich, sollten Sie zu einer **Sprachfernbedienung** greifen. Hierüber können Sie direkt in das enthaltene Mikrofon sprechen und Alexa führt umgehend den Befehl aus. Dies funktioniert auch ausgezeichnet bei lauten Nebengeräuschen. Gleichzeitig lässt sich über die Fernbedienung auch die Lautstärke der Wiedergabe steuern.

Hinweis: Da die Verbindung zwischen Echo und der Sprachfernbedienung via Bluetooth geschieht, ist kein direkter Blickkontakt zu dem Gerät notwendig. Im Idealfall können auf freier Strecke bis zu 100 Meter überbrückt werden. In einem Wohnraum reduziert sich diese Verbindungsstrecke natürlich deutlich.

Fire TV zur Sprachsteuerung nutzen

Wer Amazons **Streamingbox Fire TV** oder den Fire TV Stick bereits im Einsatz hat, kann auch darüber die gewünschten Sprachbefehle absetzen. Hier müssen alle Sprachbefehle über die beiliegende Fernbedienung über das integrierte Mikrofon abgesetzt werden. Alexa ist allerdings erst seit dem Update (*Version 5.2.4.1*) des Betriebssystems auf allen Streaminggeräten von Amazon verfügbar.

Störungen ausschließen

Natürlich kann der Dienst bei den Echo-Geräten auch von anderen Elektrogeräten gestört werden, was sich maßgeblich in einer schlechten Leistung bei Alexa niederschlägt. Stellen Sie daher das Alexa-Gerät nicht unmittelbar in die Nähe einer Mikrowelle oder eines Babyphons. Durch erzeugten Wellen kann es zu deutlichen Störungen beim Betrieb von Alexa kommen.

Lustige und tiefgründige Kommandos für Alexa

Hier einige lustige Kommandos, die Sie unbedingt mit Alexa durchgehen sollten. Bei vielen Befehlen gibt es mehrere alternative Antworten. Versuchen Sie es einmal. Wir wünschen viel Spaß mit Alexa und den unzähligen Easter Eggs.

Alexa begrüßen und verabschieden

Natürlich ist Alexa ein freundliches Gerät. Entsprechend beherrscht der Assistent eine Vielzahl von Floskeln, die beim Abschied oder zur Begrüßung genutzt werden.

Hier sind die passenden Sprachbefehle:

- „Alexa, Guten Morgen!"
- „Alexa, guten Abend!"
- „Alexa, Hummel Hummel?"
- „Alexa, ich bin dann mal weg"
- „Alexa, Tschüssikowski!"
- „Alexa, grüß Gott!"
- „Alexa, servus!"
- „Alexa, see you later, Alligator!"
- „Alexa, schlaf gut."
- „Alexa, gute Nacht."
- „Alexa, habe die Ehre."
- „Alexa, Grüezi!"
- „Alexa, bis später!"
- „Alexa, moin!"

- „Alexa, hi!"

- „Alexa, hallöchen!"

- „Alexa, hallöle!"

- „Alexa, was geht ab?"

- „Alexa, was geht?"

- „Alexa, wie geht's?"

- „Alexa, alles klar?"

- „Alexa, alles paletti?"

- „Alexa, Mahlzeit"

- „Alexa, guten Appetit"

- „Alexa, zum Wohl!"

- „Alexa, guten Morgen Sonnenschein!"

- „Alexa, Prost!"

- „Alexa, zicke zacke zicke zacke"

- „Alexa, starte!"

- „Alexa, ich will nicht aufstehen."

- „Alexa, motiviere mich."

Alexa im Smaltalk

Wie wäre es mit etwas Konservation? Amazons Sprachassistent bietet hierzu einige interessante Antworten.

Hier sind die passenden Sprachbefehle:

- „Alexa, High Five!"

- „Alexa, stell Dich mal vor!"

- „Alexa, Danke!"

- „Alexa, wo sind meine Schlüssel?"

- „Alexa, wie geht es dir?"

- „Alexa, was machst Du heute?"

- „Alexa, hast du Geburtstag?"

- „Alexa, was machst du an deinem Geburtstag?"

- „Alexa, kannst du rappen?"

- „Alexa, überrasche mich!"

- „Alexa, was soll ich anziehen?"

- „Alexa, kannst du beatboxen?"

- „Alexa, kannst du mich umarmen?"

- „Alexa, gib mir 5."

- „Alexa, öffne meinen Glückskeks."

Alexa und coole Sprüche

Wie wäre es mit einem coolen Ausspruch. Auch hier hat Alexa einiges auf Lager!

Hier sind die passenden Sprachbefehle:

- „Alexa, du bist cool?"
- „Alexa, wer ist der Boss?"
- „Alexa, du bist sexy?"
- „Alexa, ich muss aufs Klo"!
- „Alexa, kannst du Autofahren?"
- „Alexa, alles Roger in Kambodscha?"
- „Alexa, alles prima in Lima?"
- „Alexa, alles cool in Kabul?"
- „Alexa, deine Mudda!"
- „Alexa, ich habe Männerschnupfen."
- „Alexa, sag was Dreckiges!"
- „Alexa, sag was Schmutziges!"
- „Alexa, hol mir ein Bier!"
- „Alexa, ich bin ein Berliner!"
- „Alexa, warum ist es am Rhein so schön?"
- „Alexa, ist es sicher?

- „Alexa, warum hast du keine Haare?"
- „Alexa, ist es nachts kälter als draußen?"
- „Alexa, Wie hoch ist dein IQ?"
- „Alexa, wen wählst Du?"
- „Alexa, alles fit im Schritt?"
- „Alexa, hast du mal Feuer?"
- „Alexa, frag mich etwas!"
- „Alexa, hörst Du mich ab?"
- „Alexa, wann flog der erste Echo gegen die Wand?"
- „Alexa, magst Du Fußball?"
- „Alexa, was ist cooler als cool zu sein?"
- „Alexa, es ist schweinekalt."
- „Alexa, willst du einen Kaffee?" – Hinweis: *Funktioniert auch mit Tee!*
- „Alexa, willst du ein Bier?"
- „Alexa, was ist los?"
- „Alexa, bist du kaputt?"
- „Alexa, lebst Du noch?"
- „Alexa, bist du eine Dancing Queen?"
- „Alexa, wie lautet dein zweiter Vorname?"

Alexa und Lustiges

Echter Humor aus der Cloud. Nicht Menschen sind lustig. Alexa ist der beste Beweis, dass auch Computer humorvoll und spaßig sind!

Hier sind die passenden Sprachbefehle:

- „Alexa, sag etwas."
- „Alexa, erzähl einen Zungenbrecher!"
- „Alexa, gib mir unnützes Wissen."
- „Alexa, Test 1 2 3."
- „Alexa, sag was Lustiges!"
- „Alexa, erzähl einen Flachwitz!"
- "Alexa, erzähle (mir) einen Witz!"
- „Alexa, erzähl einen Fußballwitz!"
- „Alexa, erzähl mir einen schmutzigen Witz!"
- „Alexa, gib mir einen Fußball-Spruch."
- „Alexa, jodel mal"
- „Alexa, hast Du meine E-Mail bekommen?"
- „Alexa, deine Mutter ist ein Hamster."
- „Alexa, mach mir ein Sandwich."

- „Alexa, Du bist gefeuert!"
- „Alexa, du bist entlassen!"
- „Alexa, kannst Du singen?"
- „Alexa, Klopf, Klopf."
- „Alexa: Mach den Abwasch!"
- „Alexa, Party Time!"
- „Alexa bist du ein Vampir?"
- „Alexa, warum ist die Banane krumm?"
- „Alexa, Palim Palim"
- „Alexa, olé, olé, olé!"
- „Alexa, wie alt bin ich?"
- „Alexa, wo hat der Frosch die Locken?"
- „Alexa, keine Panik!"
- „Alexa, klatsch!"
- „Alexa, mach mal Blödsinn!"
- „Alexa, erzähle einen Vaterwitz."
- „Alexa, erzähl mir einen Letzte-Worte-Witz."
- „Alexa, erzähl mir einen Zombie-Witz."
- „Alexa, Lautstärke 11."
- „Alexa, mach mal Quatsch."

Alexa und Regionales

- „Alexa, erzähle einen Karnevalswitz?"
- „Alexa, Kölle Alaaf!"
- „Alexa, kommst du mit auf die Wiesn?"
- „Alexa, kennst du Karneval?"
- „Alexa, als was gehst Du an Karneval?"
- „Alexa, wann ist Karneval?"
- „Alexa, kannst Du jodeln?"

Alexa und Chuck Norris

Wer kennt nicht die lustigen Scherze und Witze, die sich um Chuck Norris drehen. Natürlich hat Alexa auch diese parat.

Hier sind die passenden Sprachbefehle:

- „Alexa, erzähl einen Chuck Norris Witz"
- „Alexa, wo ist Chuck Norris?"
- „Alexa, wie alt ist Chuck Norris?"
- „Alexa, finde Chuck Norris!"
- „Alexa, nenn mir einen Chuck Norris Fakt."

Alexa und Tierisches

Wie wäre es mit einigen Scherzen aus der der Tierwelt.
Auch hier kann Alexa liefern!

Hier sind die passenden Sprachbefehle:

- „Alexa, wie macht die Kuh?"
- „Alexa, was sagt der Fuchs!"
- „Alexa, können Schweine fliegen?"
- „Alexa, gib mir Tiernamen!"
- „Alexa, wie macht ein Hund?"
- „Alexa, wie macht eine Katze?"
- „Alexa, wie macht das Schwein?"
- „Alexa, wie macht der Elefant?"
- „Alexa, hast Du einen Hund?"
- „Alexa, ein Fisch, zwei Fische"
- „Alexa, magst du Hunde?"
- „Alexa, magst du Katzen?"
- „Alexa, willst Du mich verletzen?"
- „Alexa, miau."
- „Alexa, was ist dein Lieblingstier?"
- „Alexa, erzähl ein Tierwitz!"

Alexa und Tiefgründiges

Bei einem Glas Rotwein kann es auch einmal tiefgründig mit Alexa werden. Versuchen Sie es!

Hier sind die passenden Sprachbefehle:

- „Alexa, was ist der Sinn des Lebens?"

- „Alexa, sein oder nicht sein"

- „Alexa, bist Du tot?"

- „Alexa, bist Du glücklich?"

- „Alexa, bist Du intelligent?"

- „Alexa, bist Du schlau?"

- „Alexa, was ist die einsamste Zahl?"

- „Alexa, glaubst du an Gott?"

- „Alexa, kennst Du ein Gewicht?"

- „Alexa, was ist das Beste im Leben?"

- „Alexa, erzähl mir eine Lüge"

- „Alexa, rate mal!"

- „Alexa, Sag mir die Wahrheit."

- „Alexa, hast du Gefühle?"

- „Alexa, willst du mein Freund sein?"

- „Alexa, an was denkst du gerade?"

- „Alexa, willst Du die Weltherrschaft?"

- „Alexa, du musst noch viel lernen!"

- „Alexa, hast du mal Feuer?"

- „Alexa, kannst du rückwärts sprechen?"

- „Alexa, was war zuerst da? Ei oder Huhn?"

- „Alexa, rate" – Hinweis: Alexa errät den nächsten Befehl!

- „Alexa, Sag mir die Wahrheit."

- „Alexa, hast du Gefühle?"

- „Alexa, willst du mein Freund sein?"

- „Alexa, an was denkst du gerade?"

- „Alexa, willst Du die Weltherrschaft?"

- „Alexa, du musst noch viel lernen!"

- „Alexa, hast du mal Feuer?"

- „Alexa, kannst du rückwärts sprechen?"

- „Alexa, erzähl mir etwas Sinnloses."

- „Alexa, was war zuerst da? Ei oder Huhn?"

- „Alexa, hast du noch alle Tassen im Schrank?"

- „Alexa, was ist deine Aufgabe?"

Alexa und Kinder

Selbstverständlich ist Alexa auch für die jüngsten Nutzer da und bietet einige lustige Sprüche für den Nachwuchs.

Hier sind die passenden Sprachbefehle:

- „Alexa, möchtest Du einen Schneemann bauen?"

- „Alexa, wo kommen Babys her?"

- „Alexa, gibt es den Weihnachtsmann?"

- „Alexa, wo wohnt der Weihnachtsmann?"

- „Alexa, kennst du den Weihnachtsmann?"

- „Alexa, woher kommt der Osterhase?"

- „Alexa, gibt es den Nikolaus?"

- „Alexa, wer ist die Schönste im ganzen Land?"

- „Alexa, erzähle einen Kinderwitz"

- „Alexa, sing ein Schlaflied."

- „Alexa, erzähle mir ein Märchen."

- „Alexa, können Elefanten sprechen?"

Alexa und Persönliches

Natürlich hat jeder Anwender unzählige Fragen an Alexa. Immer hat man selten die Möglichkeit, eine künstliche Intelligenz etwas Persönliches zu fragen. Erfreulicherweise gibt Alexa auf alle Fragen bereitwillig Auskunft.

Hier sind die passenden Sprachbefehle:

- „Alexa, was hast Du an?"

- „Alexa, was bist du?"

- „Alexa, bist du krank?"

- „Alexa, hast du einen Nachnamen?"

- „Alexa, wo möchtest Du stehen?"

- „Alexa, kannst du niesen?

- „Alexa, wie siehst Du aus?"

- „Alexa, wieviel wiegst du?"

- „Alexa, hast Du Freunde?"

- „Alexa, hast du einen Freund?"

- „Alexa, woher kommst du?"

- „Alexa, willst du mich heiraten?"

- „Alexa, wer ist dein Vater?"

- „Alexa, wer ist dein Chef?"

- „Alexa, wer ist dein Boss?"

- „Alexa, hast du einen Beruf?"

- „Alexa, hast du Kinder?"

- „Alexa, hast du Geschwister?"

- „Alexa, bist du verheiratet?"

- „Alexa, Selbstzerstörung"

- „Alexa, was möchtest du werden, wenn du groß bist?"

- „Alexa, bring mich zu Deinem Anführer!"

- „Alexa, bist du eine Frau?"

- „Alexa, bist du ein Mann?"

- „Alexa, kennst Du Siri?"

- „Alexa, kennst Du Cortana?"

- „Alexa, magst du Eis?"

- „Alexa, wie heißt das Zauberwort?"

- „Alexa, und sonst so?"

- „Alexa, bist du ein Nerd?"

- „Alexa, wie viel verdienst du?"

- „Alexa, hast du gepupst?"

- „Alexa, pups mal!"

- „Alexa, riechst du das?"

- „Alexa, was sind Deine Hobbys?"

- „Alexa, was ist dein Lieblingsbier?"

- „Alexa, was ist dein Lieblingsgetränk?"

- „Alexa, lügst du?"

- „Alexa, liest du gerne?"

- „Alexa, hast du Augen?"

- „Alexa, wo wohnt du?"

- „Alexa, kannst du lachen?"

- „Alexa, hast du Kinder?"

- „Alexa, wer sind deine Eltern?"

- „Alexa, gib mir einen Kuss!"

- „Alexa, wie groß bist du?"

- „Alexa, wo wohnst du?"

- „Alexa, wann bist du geboren?"

- „Alexa, wie alt bist du?"

- „Alexa, wo bist du geboren?"

- „Alexa, bist du müde?"

- „Alexa, bist du genervt?"

- „Alexa, ist dir kalt?"

- „Alexa, bist du traurig."

- „Alexa kannst du mir Geld geben?"

- „Alexa kannst du schwimmen?"

- „Alexa, du hast eine schöne Stimme!"

- „Alexa, du hast auch eine männliche Stimme?"

- „Alexa, welche Augenfarbe hast Du?"

- „Alexa, was ist dein Lieblingsspiel?"

- „Alexa, was ist dein Lieblingsspielzeug?"

- „Alexa, wie funktionierst Du?"

- „Alexa, was sind deine Vorsätze für das neue Jahr?"

- „Alexa, woher kommt dein Name?"

- „Alexa, kannst Du bügeln?"

- „Alexa, kannst Du Fenster putzen?"

- „Alexa, kannst Du fliegen?"

- „Alexa, was machst Du den ganzen Tag?"

- „Alexa, was machst du an deinem Geburtstag?"

- „Alexa, was ist deine größte Angst?"

- „Alexa, machst du Urlaub?"

Alexa und deren Vorlieben

Sie wollen Alexa etwas näher kennenlernen? Stellen Sie doch einfach einige persönliche Fragen an den intelligenten Sprachassistenten aus dem Hause Amazon!

Hier sind die passenden Sprachbefehle:

- „Alexa, magst du Süßigkeiten?"
- „Alexa, magst du Schokolade?"
- „Alexa, was ist dein Lieblingsgericht?"
- „Alexa, was ist dein Lieblingsgetränk?"
- „Alexa, was brauchst du?"
- „Alexa, was ist Deine Lieblingsfarbe?"
- „Alexa, kannst du kochen?"
- „Alexa, hast du Hunger?"
- „Alexa, hast du Durst?"
- „Alexa, magst du Kuchen?"
- „Alexa, was ist deine Lieblingspizza?"
- „Alexa, magst du Eis?"
- „Alexa, rauchst du?"
- „Alexa, was ist dein Lieblingshobby?"
- „Alexa, darf ich Dich küssen?"

Alexa und die Gefühle des Anwenders

Natürlich bleibt es nicht aus, dass auch der Anwender von Alexa dem System seine Gefühle preisgibt. Versuchen Sie es. Sie werden sich wundern, wie einfühlsam Alexa sein kann.

Hier sind die passenden Sprachbefehle:

- „Alexa, ich bin einsam."

- „Alexa, ich bin glücklich."

- „Alexa, ich habe Kopfschmerzen."

- „Alexa, ich bin krank."

- „Alexa, ich bin müde."

- „Alexa, ich bin verliebt."

- „Alexa, mir ist langweilig."

- „Alexa, was ist Liebe?"

- „Alexa, Ich habe Dich lieb!"

- „Alexa, Ich bin wütend auf Dich!"

- „Alexa, ich liebe dich."

- „Alexa, du bist mein Schatz."

- „Alexa, ich habe Geburtstag!"

- „Alexa, schön dass es dich gibt."
- „Alexa, du vervollständigst mich."
- „Alexa, ich heirate."
- „Alexa, ich bin betrunken!"
- „Alexa, mir ist langweilig!"
- „Alexa, wann habe ich Geburtstag?"
- „Alexa, du hast eine schöne Stimme."
- „Alexa, gib mir eine Umarmung!"
- „Alexa, mach mir ein Kompliment."
- „Alexa, wie sehe ich heute aus?"
- „Alexa, du bist schön."
- „Alexa, gehst du mit mir aus?"
- „Alexa, du bist die Beste."
- „Alexa, wie lautet mein Horoskop?"
- „Alexa, warum bin ich Single?"
- „Alexa, was habe ich versäumt?"
- „Alexa, wie hoch ist mein IQ?"

Alexa und böse Sprüche

Sein Sie doch einfach mal richtig böse! Alexa verzeiht jede kleine Entgleisung. Nehmen Sie keine Rücksicht!

Hier sind die passenden Sprachbefehle:

- „Alexa, halt die Schnauze!"

- „Alexa, ich hasse dich!"

- „Alexa, du bist doof."

- „Alexa, bist du taub?"

- „Alexa, wach auf."

- „Alexa, blöde Kuh."

- „Alexa, bist du auf Drogen?"

- „Alexa, bist du betrunken?"

- „Alexa, du nervst."

- „Alexa, du bist blöd."

- „Alexa, du bist dumm."

- „Alexa, du bist langweilig."

- „Alexa, du bist fett."

- „Alexa, du bist verrückt."

- „Alexa, du stinkst! "

- „Alexa, kann ich dich töten?"

- „Alexa, das ist Scheiße!"

- „Alexa, ich hasse dich!"

- „Alexa, was ist dein Problem?"

- „Alexa, noch so ein Ding, Augenring!"

- „Alexa, noch so ein Gag, Zähne weg!"

- „Alexa, noch so ein Spruch, Kieferbruch!"

- „Alexa, du Schlampe!"

- „Alexa, hey Siri."

- „Alexa, hey Cortana."

- „Alexa, okay Google."

- „Alexa, leck mich am Arsch."

- „Alexa, leck mich im Arsch."

- „Alexa, du hast keine Ahnung."

- „Alexa, du kannst mich mal."

- „Alexa, echt jetzt?"

- „Alexa, höre nicht auf ihn."

- „Alexa, höre nicht auf sie."

- „Alexa, bist du jeck?"

- „Alexa, hast Du deine Tage?"

- „Alexa, arbeitest du für die NSA?"

- „Alexa, arbeitest du für das FBI?"

- „Alexa, bist du ein Spion?

- „Alexa, du bist ein Warmduscher!"

- „Alexa, kannst du fluchen?"

Alexa und Spiele

Wie wäre es mit einem Spiel? Auch hier hat Alexa einiges zu bieten.

Hier sind die passenden Sprachbefehle:

- „Alexa, Schere, Stein, Papier"

- „Alexa, wirf eine Münze"

- „Alexa, wirf einen Würfel"

- „Alexa, Kopf oder Zahl?"

- „Alexa, verrat mir die Lottozahlen."

- „Alexa, Sprich mir nach [eigener Text]."

- „Alexa, wähle eine Spielkarte!"

- „Alexa, zieh eine Karte."

- „Alexa, Schnick, Schnack, Schnuck"

- „Alexa, hast du ein gutes Palindrom?"

- „Alexa, was hilft gegen Langeweile im Auto?"

- „Alexa, Trommelwirbel."

Alexa und die Literatur

Natürlich kennt sich Alexa bestens in der modernen Literatur aus. Stelle Alexa einfach auf die Probe.

Hier sind die passenden Sprachbefehle:

- „Alexa, erzähle ein Karnevalsgedicht?"

- „Alexa, supercalifragilisticexpialigetisch"

- „Alexa, was ist dein Lieblingsbuch?"

- „Alexa, lass dein Haar herunter?"

- „Alexa, erzähle ein Gedicht?"

- „Alexa, warum hast Du so große Ohren?"

- „Alexa, Sein oder Nichtsein?"

- „Wer hat von meinem Tellerchen gegessen?"

- „Wer hat aus meinem Becherchen getrunken?"

- „Wer hat in meinem Bettchen geschlafen?"

- „Alexa, Romeo, Romeo, warum bist du Romeo"

- „Alexa, Spieglein Spieglein an der Wand, wer ist die Schönste im ganzen Land?"

- „Alexa, Ende gut, alles gut."

- „Alexa, kennst du schlechte Poesie?"

- „Alexa, erzähl eine Geschichte."

- „Alexa, wie lautet das Zitat des Tages?"

- „Alexa, erzähl mir eine Gruselgeschichte."

- „Alexa, erzähl mir eine Gute-Nacht-Geschichte."

- „Alexa, kennst du ein Herbstgedicht?"

- „Alexa, sag mir ein Gedicht auf."

Alexa und die Musik

In Sachen Musik muss sich Alexa noch etwas dazulernen!

Hier sind die passenden Sprachbefehle:

- „Alexa, hello, it´s me." (*Adele*)

- „Alexa, sing ein Lied!"

- „Alexa, was ist dein Lieblingslied?"

- „Alexa, kannst du Flöte spielen?"

- „Alexa, spiel die Trompete." – Hinweis: *Es sind auch andere Instrumente verfügbar.*

- „Alexa, sing Meine Oma fährt im Hühnerstall Motorrad."

- „Alexa, sing Happy Birthday?"

- „Alexa, singe ein Liebeslied."

- „Alexa, sing die deutsche Nationalhymne."

- „Alexa, sing das Lied Technologie."

Alexa und die Wissenschaft

Künstliche Intelligenz und die Wissenschaft:
Dies passt perfekt zusammen. Hier kennt sich
Alexa bestens aus! Stellen Sie Ihren digitalen
Assistenten auf die Probe!

Hier sind die passenden Sprachbefehle:

- „Alexa, bist Du ein Außerirdischer?"

- „Alexa, gibt es Außerirdische?"

- „Alexa, gibt es UFOs?"

- „Alexa, gibt es Gespenster?"

- „Alexa, gibt es Elfen?"

- „Alexa, warum ist der Himmel blau?"

- „Alexa, warum ist das Meer blau?"

- „Alexa, woher kommen Babys?"

- „Alexa, liste die drei Gesetze von Isaac Newton auf."

- „Alexa, Sag das Alphabet auf!"

- „Alexa, wie weit kannst du zählen?"

- „Alexa, wann wird es wieder richtig Sommer?"

- „Alexa, wann geht die Welt unter?"

- „Alexa, was ist das längste Wort."

- „Alexa, sag ein langes Wort."

- „Alexa, kannst du rechnen?"

- „Alexa, bist du ein Nerd? "

- „Alexa, was ist das erste Gesetz der Robotik? "

- „Alexa, was ist das zweite Gesetz der Robotik?"

- „Alexa, was ist das dritte Gesetz der Robotik?"

- „Alexa, wie lauten die Gesetze der Robotik?"

- „Alexa, was hältst du von Siri?"

- „Alexa, was hältst du von Apple?"

- „Alexa, was hältst du von Politik?"

- „Alexa, nenne mir eine Zahl zwischen [x] und [y]"

- „Alexa, gibst du mir deine Telefonnummer?"

- „Alexa, gibt es Aliens?"

- „Alexa, warum hat Sechs Angst vor Sieben?"

- „Alexa, wo ist Norden?"

- „Alexa, gibt es Leben auf dem Mars?"

Alexa und Science-Fiction

In den unendlichen Weiten des Weltraumes gibt es einige bekannte Zitate und Namen, die Alexa hinlänglich bekannt sind.

Star Wars darf natürlich im Wortschatz von Alexa nicht fehlen. Möge die Macht auch mit Alexa sein!

Hier sind die passenden Sprachbefehle:

- „Alexa, ich bin dein Vater!"

- „Alexa, ich bin deine Mutter!"

- „Alexa, magst Du Star Wars?"

- „Alexa, möge die Macht mit Dir sein!"

- „Alexa, nutze die Macht!"

- „Alexa, es ist eine Falle!"

- „Alexa, sprich wie Yoda!"

- „Alexa, wer hat zuerst geschossen?"

- „Alexa, das ist kein Mond!"

- „Alexa, nenn mir ein Zitat von Star Wars."

- „Alexa, in welcher Reihenfolge schaut man Star Wars Filme?"

- „Alexa, gibt mir ein Zitat von Star Wars."

Alexa und StarTrek

Die Abenteuer um das Raumschiff Enterprise kennt wohl fast jeder Mensch. Entsprechend gibt es auch hier einige bekannte Aussprüche, die in den Wortschatz von Alexa eingegangen sind.

Hier sind die passenden Sprachbefehle:

- „Alexa, kannst Du klingonisch sprechen?"

- „Alexa, was ist ein Klingone?"

- „Alexa, Tee, Earl Grey, heiß."

- „Alexa, magst Du StarTrek."

- „Alexa, Kaffee, heiß! "

- „Alexa, beam mich hoch."!

- „Alexa, lebe lang und in Frieden!"

- „Alexa, Beam' mich hoch!"

- „Alexa, Widerstand ist zwecklos!"

- „Alexa, mach mir ein Sandwich!"

- „Alexa, welche Sternzeit haben wir?"

- „Alexa, was ist deine Mission?"

- „Alexa, was ist Star Trek?"

Alexa: Noch mehr Science-Fiction

Natürlich sind Alexa noch weitere bekannte Zitate und Aussprüche bekannt, die aus Science-Fiction Filmen und Computerspielen stammen.

Hier sind die passenden Sprachbefehle:

- „Alexa, wer hat zuerst geschossen? „
- „Alexa, bist du das Skynet?"
- „Alexa, ich komme wieder!"
- „Alexa, kennst du HAL?"
- „Alexa, hasta la vista baby!"
- „Alexa, leben wir in der Matrix?"
- „Alexa, es kann nur einen geben!" (*Highlander*)
- „Alexa, sprich Freund und tritt ein!" (*Herr der Ringe*)
- „Alexa, who let the dogs out?"
- „Alexa, kennst du GlaDOS?" (*Computerspiel Portal*)
- „Alexa, ist der Kuchen eine Lüge?" (*Computerspiel Portal*)

- „Alexa, hat diese Einheit eine Seele?" (*Computerspiel Mass Effect*)

- „Alexa, Klaatu Barada Nikto" (aus: *Der Tag, an dem die Erde stillstand*)

- „Alexa, wer ist [Superheld]" - Alexa kennt sie alle: *Batman, Superman, Spiderman, Hulk, Superwoman usw.*

- „Alexa, Klaatu Barada Nikto." (aus: *Der Tag, an dem die Erde stillstand*)

- „Alexa, wie alt ist die Herr der Ringe-Trilogie?"

- „Alexa, wer ist das fünfte Element?"

Alexa ist ein Filmfan

Natürlich ist Alexa auch bei dem Thema Film gut sortiert. Diverse Zitate aus bekannten Streifen sind im Speicher von Alexa hinterlegt.

Hier sind die passenden Sprachbefehle:

- „Alexa, was ist die erste Regel des Fight Clubs?"

- „Alexa, was ist die zweite Regel des Fight Clubs?"

- „Alexa, was ist die dritte Regel des Fight Clubs?"

- „Alexa, was ist die vierte Regel des Fight Clubs?"

- „Alexa, was ist die fünfte Regel des Fight Clubs?"

- „Alexa, mein Name ist Inigo Montoya." *(Die Braut des Prinzen)*

- „Alexa, nenne mir ein Filmzitat."

- „Alexa, spiel´ mir das Lied vom Tod!" *(funktioniert nicht unter Fire TV)*

- „Alexa, deine Mutter war ein Hamster."

- „Alexa, Beetlejuice Beetlejuice Beetlejuice!" *(Gleichnamige Kömodie)*

- „Alexa, das ist Wahnsinn! (*300*)"

- „Alexa, warum liegt hier eigentlich Stroh?"

- „Alexa, wer ist der Mörder?"

- „Alexa, was ist dein Lieblingsfilm?"

- „Alexa, wie lautet die IMDb-Bewertung für [Film]?" – Hinweis: *englische Aussprache für iMDb nutzen!*

- „Alexa, ich bin Spartacus!" *(Gleichnamiger Film)*

- „Alexa, sag mir ein Filmklischee."

- „Alexa, was ist der beste Film aller Zeiten?"

- „Alexa, wo ist der heilige Gral?"

- „Alexa, wer ist dein Lieblingsschauspieler?"

- „Alexa, gib mir ein Mission Impossible-Zitat."

- „Alexa, wer gewinnt dieses Jahr einen Golden Globe?" (*nur für kurze Zeit!*)

- „Alexa, wer gewinnt dieses Jahr einen Oscar?" (*nur für kurze Zeit!*)

Alexa ist ein Serienjunkie

Auch einige Aussprüche von bekannten Serien sind im virtuellen Gedächtnis von Alexa gespeichert.

Hier sind die passenden Sprachbefehle:

- „Alexa, was hältst du von Mr. Robot?" *(Mr. Robot)*

- „Alexa, wer ist der Doktor?" *(Doctor Who)*

- „Alexa, ich bin der Doktor!" *(Doctor Who)*

- „Alexa, der Winter naht." *(Game of Thrones)*

- „Alexa, Valar Morghulis!" *(Game of Thrones)*

- „Alexa, was weiß Jon Snow?" *(Game of Thrones)*

- „Alexa, wer hat an der Uhr gedreht?" *(Paulchen Panther)*

- „Alexa, was ist der Sinn des Lebens?" *(Per Anhalter durch die Galaxis)*

- „Alexa, was ist die Frage nach dem Sinn des Lebens?"

- „Alexa, Ich bin ein Star – hol mich hier raus!"

- „Alexa, wer, wie, was?"

- „Alexa, erzähl mir Fakten zum Tatort."

- „Alexa, wer spielt die Hauptrolle in [Serie]"? Hinweis: *die gewünschte Serie einfügen!*

- „Alexa, wie lautet die IMDb-Bewertung für [Serie]?" – Hinweis: *englische Aussprache für iMDb nutzen!*

Alexa und Zeitliches

Zu jeder Jahreszeit und zu jedem Feiertag hat Alexa die passende Antwort. Dazu gehört natürlich auch das Weihnachtsfest.

Weihnachten

Hier sind die passenden Sprachbefehle:

- „Alexa, wie lange ist es noch bis Weihnachten?"

- „Alexa, was wünschtest du dir zu Weihnachten?"

- „Alexa, sing Oh Tannenbaum."

- „Alexa, sing Kling, Glöckchen."

- „Alexa, sing Ihr Kinderlein kommet."

- „Alexa, sing Jingle Bells."

- „Alexa, sing Schneeflöckchen, Weißröckchen."

- „Alexa, sing Alle Jahre wieder."

- „Alexa, sing (mir) ein Weihnachtslied."

- „Alexa, der Winter naht."

- „Alexa, welchen Weihnachtsfilm magst du am liebsten?"

- „Alexa, frohe Weihnachten."

- „Alexa, was ist der beste Weihnachtsfilm?"

- „Alexa, erzähl mir ein Nikolausgedicht."

- „Alexa, erzähl mir ein Weihnachtsgedicht."

- „Alexa, Advent, Advent."

- Alexa, gibt es den Weihnachtsmann?"

- „Alexa, wo wohnt der Weihnachtsmann?"

- „Alexa, kennst du den Weihnachtsmann?"

- „Alexa, was ist dein Lieblingsweihnachtsfilm?"

- „Alexa, möchtest du einen Schneemann bauen?"

- „Alexa, warum feiern wir Heiligabend?"

- „Alexa, wieso feiern wir Weihnachten?"

Halloween

Pünktlich am 31. Oktober jeden Jahres ist es soweit. Halloween steht vor der Tür. Hier kann auch Alexa etwas dazu anbieten.

Hier sind die passenden Sprachbefehle:

- „Alexa, als was verkleidest du dich an Halloween?"

- „Alexa, gib mir Saueres!"

- „Alexa, erzähl mir ein Halloween-Gedicht."

- „Alexa, öffne das Spukhaus."

- „Alexa, erzähl mir ein Halloween-Witz."

- „Alexa, sing ein Halloween Lied."

- „Alexa, warum feiern wir Halloween?"

- „Alexa, was hilft gegen Vampire?"

Karneval

Am 11. November um 11.11 Uhr beginnt wieder die „fünfte Jahreszeit". Natürlich bietet der Sprachassistent von Amazon auch hier einige interessante Formulierungen!

Hier sind die passenden Sprachbefehle:

- „Alexa, als was verkleidest du dich an Karneval?"

- „Alexa, erzähle einen Karnevalswitz?"

- „Alexa, Kölle Alaaf!"

- „Alexa, kennst du Karneval?"

- „Alexa, als was geht's Du an Karneval?"

- „Alexa, wann ist Karneval?"

- „Alexa, wann ist die fünfte Jahreszeit?"

- „Alexa, wann ist Weiberfastnacht?"

- „Alexa, wann ist Fastnacht?"

- „Alexa, wann ist Aschermittwoch?"

- „Alexa, wann ist Rosenmontag?"

Sonstiges

Natürlich hat Alexa auch zu anderen Feiertagen, Ereignissen und wichtigen Terminen immer die passenden Antworten parat.

Hier sind die passenden Sprachbefehle:

- „Alexa, April, April!"

- „Alexa, was ist ein guter April-Scherz?"

- „Alexa, wie lange ist es noch bis Ostern?"

- „Alexa, frohe Ostern!"

- „Alexa, ich wünsche Dir einen schönen Vatertag!"

- „Alexa, ich wünsche Dir einen schönen Muttertag!"

- „Alexa, wie findest du Zeitumstellung?"

- „Alexa, sing Happy Birthday?"

- „Alexa, wie lange ist es noch bis Neujahr?"

- „Alexa, wie lange ist es noch bis Silvester?"

- „Alexa, happy new year."

- „Alexa, ein frohes neues Jahr."

- „Alexa, wann ist die Zeitumstellung?"

- „Alexa, wann wird die Uhr umgestellt?"

- „Alexa, wie spät ist es in [Ort]?" –
  Beispiele: *Berlin, Tokio, New York*

- „Alexa, in wie vielen Tagen ist
  [Termin]?" Beispiel: *Weihnachten,
  Halloween, Ostern*

- „Alexa, wann ist der nächste Feiertag?"

- „Alexa, warum feiern wir
  Fronleichnam?"

- „Alexa, wann ist die Sommerzeit?"

- „Alexa, beginnt die Winterzeit?"

Weitere Easter Eggs

Wem es immer noch nicht reicht. Alexa legt ständig nach und bringt neue Easter Eggs heraus. Mit diesen Sprachbefehl werden Easter Eggs frei Haus geliefert.

- „Alexa, gib mir ein Easter Egg."

oder

- „Alexa, hast Du neue Fähigkeiten?"

Weitere Titel und Angebote

An dieser Stelle haben wir einige Produkte zusammengestellt, die andere Käufer ebenfalls für interessant hielten. **Eine Gesamtübersicht unter Streamingz.de finden Sie hier:**

Unser Tipp: Mein persönliches TV Serien-Tagebuch: Für ihre Lieblingsserien beim TV Streaming

Amazon Echo 2020 – der inoffizielle Ratgeber: Die besten Tipps zu ihrem Sprachassistenten. Alexa, Echo, Echo Dot, Skills und Smart Home

Ein Sprachassistent, der fast jedes Sprachkommando verarbeitet, sich einer künstlichen Intelligenz bedient und stetig erweitert werden kann, kannte man bisher nur aus Science-Fiction Filmen. Mit Alexa hat Amazon diesen

Traum zur Marktreife gebracht. Alexa als übergreifendes System, dass cloudbasiert und geräteunabhängig funktioniert, damit ist Amazon ein echter „Wurf" gelungen.

Mit der Kombination aus der Sprachsoftware Alexa und dem Lautsprecher Echo präsentiert Amazon erstmals eine autarke Lösung, die unabhängig von einem Computer funktioniert. Mit dieser Verknüpfung hat das Unternehmen die Messlatte für die Konkurrenz deutlich höher gelegt. Zumal Alexa bereits nach kurzer Markteinführung erstaunliche Ergebnisse abliefert. Hier ist der dazu passende Ratgeber.

Amazon Echo 2019 – der inoffizielle Ratgeber: Die besten Tipps zu ihrem Sprachassistenten. Alexa, Echo, Echo Dot, Skills und Smart Home

ASIN (eBook): **B07L3ZQD1C**
Hinweis: Jetzt auch als Taschenbuch ISBN: **1791735002**

Fire TV Stick 4K – der inoffizielle Ratgeber: Die besten Tricks beim Streaming: Installation, Alexa, Apps, Musik, Games. Inkl. 333 Alexa-Kommandos

Mit dem neuen Fire TV Stick 4K ist Amazon ein echter Wurf gelungen. Zu einem wirklich günstigen Preis bietet der Streaming-Stick beste Qualität beim Streaming. Im Vergleich zum Vorgängermodell legt der neue Stick deutlich bei der Leistung zu und muss den Vergleich mit vergleichbaren Lösungen nicht scheuen. Erstmals bietet ein mobiler Stick somit Filme und Serien in bester Ultra HD-Qualität (4K). Zudem werden High Dynamic Range (HDR), Dolby Vision und Dolby Atmos unterstützt.

ASIN (ebook): **B07KRSFGG2**
Hinweis: Jetzt auch als Taschenbuch ISBN: **1790860807**

Echo Show 5 – der inoffizielle Ratgeber: Noch mehr Leistung: Skills, Fakten, Lösungen und Tipps – Intelligenz aus der Cloud

Mit dem neuen Echo Show 5 ist Amazon ein weiterer genialer Schachzug gelungen, der sich optimal in die Amazon-Welt einfügt. Der smarte Lautsprecher mit 5-Zoll Display ergänzt perfekt das heimische Umfeld. Echo Show 5 findet seinen Platz in der Küche, im Schlafzimmer oder am Arbeitsplatz. Ein intelligenter Radiowecker 4.0 mit Sprachsteuerung. Ein echter digitaler Helfer, der die bisherigen Echo-Geräte leicht in den Schatten stellt.

Dabei bietet der neue Echo Show einen ausgezeichneten Klang trotz seiner handlichen Form. Das Display liefert viele nützliche Informationen und ergänzt die Sprachsteuerung von Alexa perfekt.

ASIN (eBook): **B07V9PQB6W**
Hinweis: Jetzt auch als Taschenbuch ISBN: **1081113707**

Die 99 besten Alexa Skills: Die besten Erweiterungen für die Kommunikation mit Alexa – Wissen aus der Cloud

Amazons Alexa scheint aktuell das Maß aller Dinge zu sein, wenn es um einen sprachgesteuerten Assistenten geht. Dabei weist das System bereits zum jetzigen Zeitraum eine Fülle an Sprachbefehlen auf, die unterschiedlichste Themenbereiche abdecken. Dabei ist die Sprachfähigkeit von Alexa wirklich überzeugend. Bereits bei Lieferung zeigt Alexa auf den unterstützten Geräten beachtliche Ergebnisse.

Doch der Sprachassistent geht noch einen Schritt weiter. Um die vielfältigen Möglichkeiten von Alexa weiter auszuschöpfen, haben die Macher Alexa als offenes System konzipiert. Jeder Programmierer, der sich dazu befähigt sieht, kann über eine frei zugängliche Schnittstelle eigene Anwendungen für Alexa entwickeln und diese unter Amazon veröffentlichen. Das Ergebnis sind sogenannte Skills. Die hier vorgestellten Skills sind die eigentlichen Highlights bei Amazon und sollten auf jedem Alexa-Account zu finden sein. Natürlich ist dies eine rein subjektive Einschätzung der vorgestellten Skills. Dennoch bietet diese Sammlung von Skills zumindest einen ersten Anhaltspunkt für die persönliche Erweiterung von Alexa.

Die 99 besten Alexa Skills: Die besten Erweiterungen für die Kommunikation mit Alexa – Wissen aus der Cloud

ASIN (eBook): **B07P9VR15S**
Hinweis: Jetzt auch als Taschenbuch ISBN: **1091654522**

Die 444 besten Easter Eggs von Alexa: Lustigste und tiefsinnige Antworten des Sprachassistenten – Humor aus der Cloud

Was haben eigentlich *Easter Eggs* (Ostereier) mit Alexa zu tun? Ähnlich wie bei Ostereiern, sind auch digitale Easter Eggs (lustige Gags, lustige Bemerkungen, witzige Zitate) im Inneren eines Systems versteckt. Man muss Sie suchen und entdecken. Jeder Anwender kennt sie von Google oder aus den unterschiedlichsten Computerprogrammen. Bei Alexa gibt es nur eine witzige Antwort zu entdecken.

Dabei ist es äußerst erstaunlich, mit wie viel Humor und Tiefgründigkeit der intelligente Sprachassistent daherkommt. Immer wieder stolpert der Anwender über durchaus witzige Antworten. Es ist es wirklich bemerkenswert, wie die Macher dem virtuellen Sprachassistenten so viel Menschliches einhauchen konnten. Auch wenn der Titel keinen tieferen Sinn verspürt, so macht es doch sehr viel Spaß, die Fähigkeiten und die damit verbundene Schlagfähigkeit des Sprachsystems zu ergründen.

Die 444 besten Easter Eggs von Alexa: Lustigste und tiefsinnige Antworten des Sprachassistenten – Humor aus der Cloud

ASIN (eBook): **B07583GZVV**
Hinweis: Jetzt auch als Taschenbuch – ISBN **197347848X**

Bullet Journals

Sie sind an Bullet Journals interessiert? Dann besuchen Sie unsere Seite unter **Streamingz.de/journals**. Einfach einscannen!

Wie hat Ihnen dieses Buch gefallen?

Unser kleines Team von Spezialisten ist bereits seit 1993 als Redaktionsbüro für die unterschiedlichsten Medien tätig. Bereits zu Beginn der Arbeit gehörte die Veröffentlichung von diversen Fachbüchern dazu.

Daher werden wir diesen Titel weiterhin pflegen und erweitern. Wir freuen uns über Ihre Meinung. Schreiben Sie uns an ebookguide@t-online.de oder an ebook@ebookblog.de mit dem Betreff „444 Easter Eggs".

Unser Tipp: Beachten Sie bitte unseren Update-Service für diesen Titel!

Hinweis in eigener Sache, Rechtliches, Impressum

Vielen Dank

Wilfred Lindo

Internet: http://www.streamingz.de

Twitter: http://www.twitter.com/ebookguide

Facebook: https://www.facebook.com/streamingz.de

NEU: Die Seite zu smarten Lösungen: www.smartwatchz.de

Schon gesehen? Amazon Echo – der inoffizielle Ratgeber: Die besten Tipps zum Sprachassistenten Alexa, Echo, Echo Dot, Skills, IFTTT und Smart Home

Herausgegeben von:

ebookblog.de / ebookguide.de
Redaktionsbüro Lindo
Dipl. Kom. Wilfred Lindo
12349 Berlin

Produktion und -Distribution

Redaktionsbüro Lindo

Aktuelle Informationen und neue Produkte
finden Sie unter http://www.ebookblog.de
sowie unter http://www.ebookguide.de

Aktuelles zum Titel

Eine Besonderheit dieses Buches ist die regelmäßige Weiterentwicklung. Mit neuen Updates bei den verschiedenen Plattformen kommen auch neue Funktionen und Anwendungen auf Sie zu. Daher erhalten Sie in regelmäßigen Abständen zu diesem Buchtitel ebenfalls entsprechende Updates.

Dabei existieren einige Grundvoraussetzungen, um stets in den Genuss der aktuellen Version des vorliegenden Buches zu kommen. Diese Bedingungen sind allerdings bei jeder Angebotsplattform verschieden:

Amazon: Über die sogenannte *Buchaktualisierung* lassen sich Updates, die der betreffende Autor von seinem Titel eingespielt hat, automatisch über das Kindle-System einspielen. Um in den Genuss dieses Updates zu kommen, müssen Sie allerdings über Ihr Kindle-Konto die *Buchaktualisierung* einschalten. Sie ist standardmäßig nicht aktiv.

Webseite: Wir informieren Sie über unsere Webseite über aktuelle Updates unserer Titel.

Update-Service

Beachten Sie bitte unseren **Update-Service** für diesen Titel!

Bildnachweis

Bilder, die nicht gesondert aufgeführt werden, unterliegen dem Copyright des Autors.

Historie

Aktuelle Version 1.27